大門素麺

Okado Somen

大門素麺と砺波

　砺波地方には石仏が多い。そして土徳と民藝の郷である。経沢信弘さんはそんな砺波が大好きだといっていただいた。

　経沢さんとの出会いは、ふらりと出会い、野にある聖徳太子南無石仏の素朴な祭りをともに味わった。それからよく拙宅を訪れていただいた。岐阜県や能登の祭り、そして遠く奈良や京都の生き生きとした祭りの儀式や熱気を聞かされ、それをわくわくとして聞き入っていた。特に自営の割烹まる十の休日には、ひょうひょうと現れ、夜遅くまで話し込み多くの刺激をいただいてきた。

　富山市のお店では座敷を開放され「こしのみちのなか講座」を開き、考古、歴史、民俗の各学者方を講師に年に数回開催され好評を得ている。これは生涯学習のお手本のような存在である。そんな経沢さんが前著『古代越中の万葉料理』に続いて、『大門素麺』の高著を出版される。めでたくうれしいかぎりである。経沢さん独特の強い好奇心と「足で書いた」本である。

　実際に大門素麺造りの、寒い冬の早朝の現場に出向き、作業を体験

し実見された。能登の高松そして珠洲まで足を延ばし、精力的に調査されその成果がこの著書に表れている。私はこの地に住みながら多くのことを教えていただいた。

　砺波市大門は、手延べ素麺とともにチューリップの発祥の地でもあり出発地点でもある。近くには種籾を生産する五ケ地区があり、古くは全国に販路を伸ばしていた。井波蚕種も同様である。中世から知られた五箇山の塩硝など砺波ブランドは優れた産物であった。砺波の人は先取性に富み、革新的で研究熱心の働き者の多いところでもある。料理の鉄人経沢信弘さんが大門素麺に魅かれたのは、その味とともにこの地に息づく心意気によるものであろう。

　大門素麺の調査と研究に駆り立てたのは、砺波の心の深さ豊かさの根源と、それを守り育てている世界観に触れたかったのであろう。そして経沢さんの求めるラジカルでローカルの究明こそが、グローバル化社会の重要な指針でもある。ともあれ、この著書は砺波人の私にとって貴重な一冊である。また多くの人々にとっても大事な著書である。

砺波市文化財保護審議委員会
会長　　尾田 武雄

目次

大門素麺と砺波 ・・・・・・・・・・・・・・・・・・・・ 2

What is Somen? ・・・・・・・・・・・・・・・・・・・・ 7
    砺波平野
    大門地区

調　理 ・・・・・・・・・・・・・・・・・・・・ 15
    鮎の塩焼きとゆべしを添えたそうめん　16
    なすびのそうめん　18
    にゅうめん　20
    富山湾麺　22
    中華風焼き麺　24
    調理方法　28

麺の製造	…………………	33
素麺の歴史	…………………	49
日本の素麺		50
そうめんマップ		51
国内の主な素麺産地		52
大門素麺のルーツ		58
Japanese Somen	…………………	71
砺波の郷土料理	…………………	78

What is Somen?

　大門素麺は粘り強くコシがある寒造りの素麺で、その形は昔ながらの丸髷麺だ。

　私たち日本人は夏になると普通に食べている素麺だが、麺には、うどん、そば、そして中国料理に起源をもつラーメンなど、その種類は数多く、日本は世界でも珍しい麺大国である。

　素麺の中でも、富山県砺波市で作られる大門素麺は実に不可思議な麺で、近年、海外から砺波に訪れる方々が増えているので若干の英訳も加えた。

アズマダチの農家レストラン大門

茹でたそうめんを氷水で冷やし、水を切ってお出汁につけていただく。そうめんの食べ方では一番馴染みがある食べ方でなかろうか。私の印象では大門そうめんは他のそうめんより若干ですが太めかも、と感じる事がある。それは、大変しっかりとした歯ごたえと、一本一本がみずみずしく滑らかな麺であるからではないだろうか。そのような魅力的なそうめんはこの食べ方が一番おすすめかもしれない。

なすびのそうめん

富山県では「なすびのそうめん」という言葉がある。その名の通り茄子の入ったそうめんのことだが、しかし、各家庭でこの「なすびのそうめん」は色々なアレンジがされ、作り方や味付けは家毎に継承されている。でも何故だか「なすびのそうめん」という言葉は共通して使われている。現代でも夏定番のごちそうだ。こちらのなすびのそうめんは醤油ベースの味付けで、冷たい出汁と大門そうめんの、みずみずしい感触はとても良いハーモニーだ。

にゅうめん

そうめんを温かい出汁でいただくと途端にコシが無くなるものだが、大門そうめんは、ちゃんとコシが残っているので驚く。麺の程よいコシを楽しみながら、海藻のシャキシャキ感を楽しんでいると、トッピングのだし巻き卵はフワフワとしていて素晴らしい食感のコラボにゅうめんであった。

富山湾麺

にゅうめんの上に富山湾で捕れた白エビのかき揚げと蛍イカが贅沢にのっている。サクサクのかき揚げにゅうめんは間違えのない美味しさだ。蛍イカもいただけるので富山の春を満喫できた一杯となった。

中華風焼き麺

そうめんを焼くというのは、私の中にはありえない調理方法だが、いざ実食。中華麺よりも細い麺が香ばしく焼かれ、もちもちとした食感になっているではないか。そのうえ、中華餡が細麺に絡みつくように馴染み、フワフワの卵と贅沢な味わいだ。小さなお子さんからお年寄りまで幅広く愛される味付けで、ぜひ家庭でも一度試してみるべき一品だ。

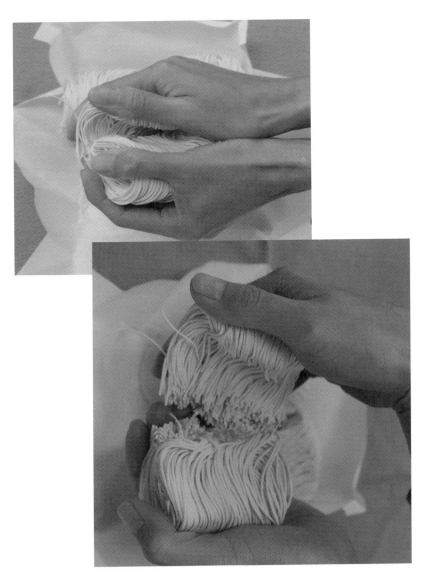

　大門素麺の調理法を紹介する。麺は100gで約一人前だ。調理に使った大門素麺は、包装紙に350ｇと書いてあり、だいたい４人前。大門素麺は、そのままでは一本の長さが約７０cmほどあるから、茹でる時には、素麺のまげ目を握って二つに割らないといけない。

　たっぷりの水を沸騰させ、その中に素麺を入れ3分くらい茹でる。煮立ったら水切りに麺を移し、くっつかないように冷水でしっかりともみ洗いする。

　最後に水を切り、器に盛りつける。夏には冷やして、冬には湯麺でどうぞ。

麺の製造

大門の風景

　女性の髪型である丸髷にそっくりの形状に特徴のある大門素麺は、砺波の特産品として、砺波市の大門地区で作られている。この素麺は江戸時代の末に輪島から伝わったとされ、丸髷の形状は北前船由来のものであるという。

　大門素麺は粘りとコシあり、それは冬に作られる寒仕込みであるからだという。この大門素麺が製造される砺波市大門地区は、砺波市の中心部から東側にある。

　この大門の地名の起こりは『庄下村史誌』によれば、かつて大門は村内を流れる祖父川の氾濫に悩まされていた。その頃、この地に代官さまという偉い方がおられて、祖父川に水門を作り、他の川に水を流すようにした。そこで「大きな水門」由来から大門という地名がついたという。地区には、かつて五社権現と称された古社、祖父川神社があり、また地区の区画整備に伴い多くの石仏が地蔵堂に集められて祭られている。

　大門素麺は当初は家族単位での個人事業であった。しかし播州など、他地域から商品の搬入により販売量が減少した。そこで明治44年に生産組合を結成し、小麦など原材料の調達や製造方法を統一した。更に、製品の包紙のデザインを統一し、製品には個々に生産者名を記入して品質管理を厳格におこなった。これにより販路が拡大し現在に至っている。

　素麺の生産が最盛期を迎える冬に、大門素麺生産組合、境欽吾さんの素麺工場を取材した。

境欽吾さんの製造所は一見、普通の農家である。

家の中では素麺作りが行われている。

小麦粉と塩水を練り混ぜ「だご」を作り「粘り」を出すため、たらいに入れて一晩ねかせる。

一晩寝かした「だご」を平らに延ばしてから切れ目を入れ、くっつかないように小麦粉を塗布しながら、イタバ機により生地を細く伸ばしていく。

生地には植物油を塗布し、機械を使って「太より」「中より」「細より」をかけて麺を細くしていく。取材した午前4時にはすでに作業が始まっていた。

午前7時30分。かけ場機で、麺を8の字にする。

仕上がった麺をむろ箱に入れる。

8時30分。むろ箱の麺をはさに掛ける。
この日の作業場の気温12度。

切れないように慎重に手で麺を延ばす。

麺がくっつかないように「はしかけ」をして麺を広げる。

10時には手延べ素麺が出来上がりました。そして麺の下のふしを切り一本にする。

生麺の出来上がり。しかしこの生麺はまだ長い。

半生の長い麺を短く千切り丸める。
この丸まげは昔からの手作業である。

丸まげした麺を、乾燥室で約10日間乾燥させた後に包装紙に包んで素麺ができあがる。

梱包作業。昔ながらの風景である。

一休みの時間。大門素麺は家族経営である。作業は1月から3月にかけて近所のパートさんも加わり作業時間は午前1時から午後4時まで毎日続く。

素麺の歴史

日本の素麺

　素麺は小麦粉を原料とし、その多くは乾麺で、これを茹で冷やして食べるので夏に需要が多い。一方、関西では暖めた麺は、にゅうめんと呼ぶ。

　素麺は日本農林規格で太さが直径1.3ミリメートル未満の麺を指す。そして直径1.3ミリメートル以上で1.7ミリメートル未満をひやむぎと呼ぶ。しかし手延べの場合には1.7ミリメートル未満であれば素麺と名乗れる。そしてひやむぎより太い麺をうどんと呼ぶ。製造方法には、小麦粉をこねて平たく伸ばし包丁で切る手打ち式と、小麦粉をこねて伸ばし、両端を棒で細く引き伸ばす手伸べ式という二つの製法がある。

　素麺の歴史は奈良時代に遡るともされ中国から伝来した。日本の素麺は、国内では奈良三輪山がその発祥地とされ江戸時代に広く全国各地に広まった。素麺は、その昔、宮中の女房ことばで「ぞろ」とか「ぞろぞろ」と言われた。女官たちは素麺をぞろぞろすすり込んで食べても行儀が悪いと叱られなかったという。

そうめんマップ

国内の主な素麺産地

卵麺（らんめん）　　岩手県

　岩手県奥州市一帯で作られる卵を加えた黄色いそうめん。岩手県の内陸南部の奥州市に、江戸時代中頃、長崎から松谷十蔵がこの地を訪れオランダ人から教わったカステラのような鶏卵を使った麺「蘭麺」を売り出した。これが卵麺の始まりとされる。

稲庭素麺（いなにわそうめん）　　秋田県

　秋田県湯沢市稲庭町に伝わる手延べ素麺である。
　稲庭うどんの始まりは寛文年間（1661〜1673）以前とされ、秋田県湯沢市稲庭町字小沢がその発祥地とされる。ひねりながら練るという稲庭うどんと同じ製法で作られている。

三春素麺（みはるそうめん）　　福島県

　江戸時代中期に寺島良安により編纂された『和漢三才図会』に、三春藩の名高いそうめんの一つとして記録され、三春藩の幕府への献上品として使われていた。明治初期、廃藩置県により一度廃れたが昭和後期に復活し現在に至っている。

白石温麺（しろいしうーめん）　　宮城県

　江戸初期、伊達藩白石城下で白石市。長さ十センチメートル程度の短い麺で、製造に食用油は用いない。白石の鈴木浅右衛門が、胃腸の弱い父親のため油を使わない麺の製法を会得し始まったという。その

話が仙台藩白石城主片倉小十郎に伝えられ「人を思いやる温かい心を持つ麺」という意味を込め、この麺を「温麺」と名付け白石の特産品となった。

大門素麺（おおかどそうめん）　　富山県

　砺波市大門地区で厳冬期に生産される手延べ素麺で、一本の長い麺を丸髷状に丸めて乾燥させた形状の素麺そうめん。茹でる際に麺を二つに割る必要がある。

　丸髷とは、江戸時代から明治にかけての既婚女性の髪型で、根のところで輪を作って毛先を髷に組み入れる結い方である。

丸髷

大門素麺

和泉素麺（いずみそうめん）　　愛知県

　愛知県安城市和泉地区で生産される手延べ素麺。麺が乾燥する前に手で伸ばして生麺状態に戻す「半生もどし」という製法で作られる。
　江戸時代中期から始まったとされ、この素麺は小麦が収穫される夏季に作られるのが特徴である。

大矢知素麺（おおやちそうめん）　　三重県

　大矢知素麺は、三重県四日市大矢知地区で生産される手延べ素麺である。旅の僧侶が大矢知に一夜の宿を乞い、そのもてなしのお礼として素麺の作り方を授けたのが起源とされる。麺は太麺である。

河内素麺（かわちそうめん）　　大阪府

　大阪府枚方市津田地区で生産される素麺。津田村の山下政右衛門が江戸時代、大和三輪から製麺技術を持ち帰ったのが元とされる。かつては枚方市東部でさかんに作られたが、今は一軒のみとなった。

播州素麺（ばんしゅうそうめん）　　兵庫県

　兵庫県は国内生産高第一位の素麺産地。手延べ素麺は揖保乃糸（いぼのいと）の商標で有名である。素麺の歴史は古く、応永25年（1418）兵庫県揖保郡太子町の斑鳩寺の記録に「サウメン」の記述がありこの頃から素麺の生産が行われていたことを示す。

淡路素麺　　　兵庫県
あわじそうめん

　兵庫県南あわじ市で生産される手延べ素麺。その由来は江戸末期の天保年間に当地の住人が伊勢神宮参拝の帰路、奈良県三輪で素麺の製法を会得し、淡路へ戻り素麺を作ったのが始まりとされる。

備中素麺　　　岡山県
びっちゅうそうめん

　岡山県浅口市鴨方町周辺で生産され、鴨方素麺、かも川素麺とも呼ばれる手延べ素麺。文政年間に浅口郡口林村の原田敬助という人がお伊勢参りの折、播州でそうめんを食べたことがきっかけとなり播州から職人を招いて始まったという。

三輪素麺　　　奈良県
みわそうめん

　素麺は中国から日本に伝来したものという。宮中において儀式や饗宴に用いられた素麺は奈良県桜井市三輪が素麺発祥の地と言われ、三輪から日本各地に広まったという。製法は、厳冬期に手延べで麺を延ばす。

小豆島素麺　　　香川県
しょうどしまそうめん

　香川県の小豆島で生産される素麺。江戸時代の初め奈良県三輪から素麺の製造技術を学び、小豆島に伝えたのが始まりという。厳冬期に生産され、手延べ油に「ごま油」を使っているのが特徴である。

半田素麺　　　徳島県
　徳島県つるぎ町半田地区で生産される素麺である。奈良県三輪から淡路に伝えられた製法を、江戸時代の天保年間に吉野川の船頭が学び副業として始めたという。手延べ素麺で麺は太麺である。

五色素麺　　　愛媛県
　愛媛県松山市で生産される手延べ素麺である。江戸時代の享保年間に長門屋市兵衛が始めた。その名の通り、素麺の色は白、赤（梅肉）、緑（抹茶）、黄（鶏卵）、茶色（そば粉）の五色がある。

神崎素麺　　　佐賀県
　佐賀県神埼市で生産される素麺。江戸時代、小豆島の雲水が神埼宿で病に倒れたとき、神埼の人に世話になったお礼に手延べ素麺の製法を伝えたという。現在、製造は手延べ麺ではなく機械麺で全国三位の生産量を誇る。

島原素麺　　　長崎県
　長崎県南島原市などが産地の手延べ素麺。その由緒には諸説あるが、江戸時代、島原の乱で人口が激減し四国から移住した人々が素麺づくりを始めたという説もある。手延べ素麺で全国二番目の生産量である。

南関素麺　　　熊本県
　熊本県南関町で生産される素麺。江戸時代の中頃、小豆島の素麺職

人が製法を伝えたとされ藩の幕府への献上品でもあった。麺は細く半乾き状態で長いままの素麺を8の字にぐるぐる巻まいているのが特徴の素麺である。

大門素麺のルーツ

はじめに

　富山県の物産品に砺波市の大門そうめんがある。
　腰が強く煮崩れせず、茹でても延びにくいうえ、のどごしがよく「髷をゆう」という独特の包み方で長さをたもつのが大門そうめんの特徴である。夏の味覚として親しまれている。ここでは、大門そうめんの由来について考えてみる。

素麺の起源

　素麺は、日本国内では奈良県桜井市三輪が発祥の地とされている。奈良時代に唐から伝来した唐菓子の一つ、索餅(和名で「麦縄」と書くこともある)に由来する説がある。日本では天武天皇の孫、長屋王邸宅跡(奈良市)から出土した木簡が最も古く「索餅」の記録となっている。

三輪山

材料については平安時代中期の「延喜式」に書かれており、小麦粉と米粉に塩を加えて作る麺(米粉は混ぜないという説も)ということは分かっているが、形状については分かっていない。現在の素麺やうどんよりもかなり太く、ちぎって食べていたようだ。

　室町時代には現在の形になったとされ「素麺」が定着したと言われている。茹でて洗って蒸して温める食べ方が主流で「蒸麦」(むしむぎ)とよばれた。

　江戸時代には、七夕にそうめんを供え物とする習俗が広まっていった。七夕は小麦の新穂のお祝いで・新小麦で素麺を作り神にお供えをして、それを食べて無病息災を祈った。「梶の葉に盛った素麺葉七夕の風流」ともあり、そうめんが粋な季節の味わいとして楽しまれていたことがわかる。

　三輪素麺は、お伊勢参りの途中で訪れた人々を魅了した。製法も播州、小豆島、島原と全国に伝わり日本を代表する食べ物になった。
日本最古の神社大神神社では、毎年、二月五日に行われる卜定祭では、寒冬の季節に始まるそうめん作りを前に、そうめん製造業者が大神神社に一堂に会して参拝、古式に法った神事で神に祈りをささげる。そ

大神神社

の後、御神前でその年の素麺の相場が神主により占われる。その結果は今でも三輪素麺の初取引の参考にされている。また、三輪素麺感謝祭では、「三輪素麺掛唄」と「三輪そうめん音頭」が奉納される。「三輪素麺掛唄」は、郷土民謡として製造工程をそのまま表現した振付となっている。

　『和漢三才図会』では索麺「さくめん」と読み「俗に素麺ともいう」としている。日本国内では近世より西日本を中心に素麺生産が盛んであった。これは原料となる小麦、食塩の産地が近かったことがある。中国では日本よりもはるかに早く、北宋時代に「索麺」の表記が出ている。

明治の頃の大門素麺の印

輪島素麺

　現存する最古の記録としては、室町時代の長亨2年(1488)京都の臨済宗相国寺に伝わる『蔭涼軒日録』に「長亨2年5月21日、播磨国の守護赤松政則の家臣浦上則宗邸に行って能登産の素麺を饗応された」という記事がある。ここでは、輪島産とは記してないが「はなはだ不揃いで味も良くない。ただ遠くから運ばれてきたというだけを、褒めるまで」と酷評しているのである。その後には、輪島という言葉が出てくる。

　中世の記録によれば上流階級の間で輪島素麺がさかんに贈答品として用いられていたのがわかる。「そうめん」「うどん」と同じく、全国的にみても室町時代の文献にあらわれ仏僧が伝来したものと推測できる。この頃輪島地方の領主をしていた温井氏と関係があった京都の東福寺の僧侶が伝えたとも考えられる。近世に入っての素麺の歴史は、天正15年(1587)6月29日「索麺御印」に始まるとみるべきだろう。前田利家が鳳至・河井の両町に対して「素麺の座」を廃止して「十楽」とすることを布告した。

　座というのは大社寺等が製造・販売を独占していたのを自由にすることでそれによって素麺の生産も近世になりピークを迎える。また制限も解かれ生産技術も向上していった。『加越能大路水路』には、輪島は奥郡にて大きなる所なり、素麺を産す、北陸の名所なり、また塗物細工人有りと記されていることでも当時(正徳・享保)の盛況を知ることができる。

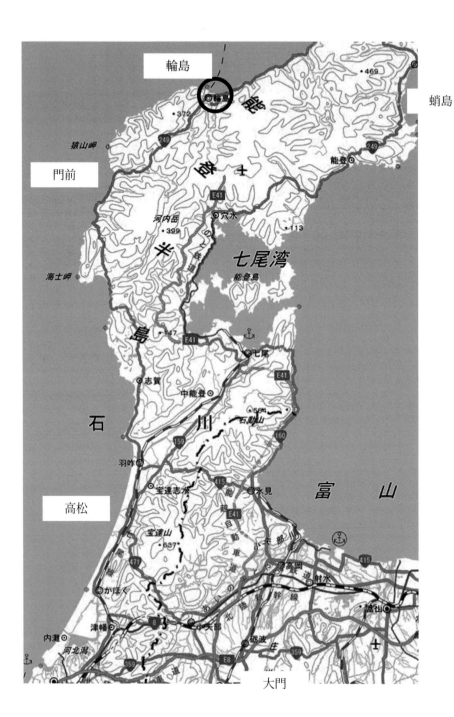

能登からの伝播

　『庄下村史誌』によれば大門素麺は、嘉永初年(1848)能登国高松(河北市)の住人丸山伊助氏を大門の郷に聘して製造の伝授を受け、大門村中島与一、中島次平、中島松三郎、田守三右衛門の四氏が製造を始めたのが起源である。製造を始めたころは、能登国蛸島素麺の名で販売されていたようで、中島次平(現在豊信)宅には当時使用した包紙の印型が保存されている。(1)

　山口博氏の「大門素麺」でもこの説をとっているが、土田吉平氏は、田守三右衛門が売薬を営んでいたが、たまたま商売先の高松でそうめんを作っているのを見て作り方を覚えてこの村(大門)に広めたという。般林雅子氏の「大門そうめんと能登そうめんのかかわり」や佐伯安一氏の「大門そうめんの源流」の論文でも土田氏の説をとりあげている。土田氏は、田守右衛門が、万金丹売りをしていたという。

輪島素麺の衰退

　輪島素麺の衰退についてはいろいろな要因があるが、正院・飯田・蛸島などの近隣の産地との競争や、従来「素麺のふし」などを宣伝に配ったこと、また生麺を包み、そのうえ目方をごまかしたりしていた。

　今まで名声を博していた輪島素麺も一帯が不振に至り、町方の衰微となるものだと嘆いている。そこで業者が集まり、各地・他藩での売り場所は無論のこと、品質や量目の不正をなくし、小麦の買い入れ方を始め、申し合わせをしているとのこと。特に諸道具が他国へ売られることが衰退に拍車をかけた。また女工らが富山などむやみに出かけて素麺の製法を伝授している記録もある。嘉永年間はとくに輪島素麺の道具や技法が流出した。(2)

おさよ物語

　門前七浦暮坂村の貧しい百姓の娘だったおさよは、１３才の時輪島の麦屋(素麺屋)に奉公に出された。そこで小麦を重たい石臼で引いたりこねたりする重労働の毎日だった。そんな生活の中で覚えたのが麦ひき唄だった。おさよ１８才の時に年季が明けるが今度は金沢に遊女として身売りされた。おさよは、器量もよく覚えも良く唄や三味線も上手で、故郷の麦屋節を美声で唄って人気者になっていった。

　加賀藩士高崎半九郎は遊女たちを利用しあくどい金儲けをした罪で加賀藩の流刑地、越中五箇山へ流罪となった。おさよたち遊女も五箇山にながされ村の肝煎庄衛方に預けられた。おさよの天性の唄の巧さと美貌が評判となった。

　特に幼少時に覚えた哀しく切ない故郷の思いが、「麦屋節」に込められ人々の心をつかんでいった。これが越中麦屋節となる。ところが、おさよの悲運は続く。隣村の若者吉岡と恋におちたが流罪の身として

おさよの墓

許されない。おさよはこれまで親切にしてもらった村の人たちに迷惑がかかると思い、庄川に身を投じたのであった。おさよ２８才の悲運の最期だった。おさよの亡骸は村人たちにより引き上げられまた、吉岡は僧侶となり一生おさよの菩提を弔ったという。輪島では石臼で組み合わせた供養塔が建てられている。(3)

　近年では輪島素麺の復活プロジェクトが若手輪島商工会議所で進められているようだ。祭りの時は五箇山の民謡保存会の方々を招き「麦屋節」を披露して交流を図っている。商工会議所の井上大樹氏より貴重な資料をいただいた。

そば店の掛け軸（輪島）

蛸島素麺

　1920年代くらいまで中元の贈答品として独特な風味で洗練された蛸島素麺も昭和十四年を最後としてその姿を全く没してしまい、世間から忘れられていった。最大の原因は、原料の小麦を地元ではまかないきれずまた、他国に多くのおいしい素麺が生産され競争に勝ちえなかったのであろう。

　文政元年（１８１８）の資料によると珠洲市域の生産物として輪島とならんで蛸島・飯田の素麺のみが表記されている。輪島についで成長してきた珠洲地域の素麺生産も後を追って衰退していった。近代に入り蛸島のみが産地として残ったようだ。『庄下村史誌』によれば、伝授者の一人砺波大門の中島次平ら四名は能登国蛸島素麺の名で販売していた。次平宅には当時使用していた包装紙の印型が保存されている。蛸島素麺ノ包み方も四つ宛丸めて中折紙に包みにご縄でしばるいわゆる丸髷である。現地の製麺所や教育委員会を訪ねてもほとんど忘れられていた。(4)

見附島

高松素麺

　高松(現河北市)への技術の伝播は幕末天保年間(１８３０～１８４３)の頃にあたる。高松の木津屋藤右衛門らが能登から持ち込んだ。輪島ではこの頃技術が流出する時期にあたる。当初細々と営んでいたが、転機は嘉永年間(１８４８～１８５３)の頃であった。製造業者が資金の貸与を加賀藩に願い出、包装紙に「御仕入素麺」の版をして捺してその名誉を高めることに努めた。加賀藩御用という名目で普及し生産が伸びていった。加賀藩から特別な権限を認められていたのだった。素麺製造は、漁を生業する漁師にとって冬場の副業として好都合だった。

　高松でも「丸髷素麺」「島田素麺」という丸い形状の素麺が造られていた。しかし上海事変、太平洋戦争が続く中、小麦の入手困難になり小麦粉もパン工場に流れたりしてコスト高となり、衰退していった。
　高松素麺が途絶えた今、創業昭和３１年(１９５６)の山本製麺(山

北前船　酒田沖にて

本誠次)さん(82歳)のお話をうかがうことができた。途絶えた高松素麺を伝えようと、(当時22歳)その技術を持つ人や麺作りの道具を求めて疾走したがなかなか進まなかった。当時わずかに残っていた製麺業者も、すでに手延べそうめんは作っておらずまた機械式に変わっていった。山本さんは手延べそうめんから機械式のそうめんを作り始めた。創業した当時は小麦畑が広がっていたという。春には周辺の小麦栽培農家にそうめんを渡し、夏には原料となる小麦を受け取る仕組みにしていたという。しかし今から14年前に高齢と後継者不足で廃業された。当時の機械や包装紙も廃棄したという。

まとめ

「姫君様御膳御用」としての高松素麺と同様また、高松の人が製法技術を学んだ輪島素麺も幻のそうめんとなってしまった、石川県内では、こうした手延べの麺作りは皆無となってしまった。

富山県をみると「氷見うどん」「大門そうめん」に代表される手延べ麺の歴史が受け継がれている。全国的にもファンが多い大門素麺こそ実は能登素麺と深いつながりがあった。輪島・蛸島・高松と大門素麺には共通点や関連性があったことは全国的にみても大変珍しい、それぞれの形がものがたっている。いわば兄弟関係だった。

戦後になっても大門素麺の製造者が高松に製法を学びに来たり、道具を買い取りにきたりして、麺でつながる能登と富山の交流があったことがうかがえる。(5)

いずれにせよこれが富山を代表する特産として定着したのは、砂質浅耕土の土地柄から何とかして副収入を得ようとした村人(特に女性)の努力と言えるだろう。能登では絶滅しているこの独特の素麺は、貴重な特産品といえるだろう。

現在大門では11軒の製造者がいるが年々減っているようだ。やは

桂書房の本・ご注文承り書

3千円以上のご注文は送料サービス。
代金は郵便振替用紙にて後払いです。

書名	本体価格	注文
ある近代産婆の物語	二,六〇〇円	○
戦国越中外史	二,〇〇〇円	
越嵐 戦国北陸三国志	一,八〇〇円	
越中富山 山野川湊の中世史	五,六〇〇円	
富山城の縄張と城下町の構造	五,〇〇〇円	
石垣から読み解く富山城	一,三〇〇円	
加賀藩を考える	八〇〇円	
加賀の狂歌師 阿北斎	二,五〇〇円	
立山信仰史研究の諸論点	一,五〇〇円	
浄土と曇鸞	一,八〇〇円	
宗教・反宗教・脱宗教（岩倉政治論）	二,〇〇〇円	
堀田善衞の文学世界	二,〇〇〇円	
棟方志功・越中ものがたり	二,〇〇〇円	
越中萬葉と記紀の古伝承	五,五〇〇円	
富山の探鳥地	二,〇〇〇円	
水橋町（富山県）の米騒動	二,〇〇〇円	
女一揆の誕生	三,〇〇〇円	
北陸海に鯨が来た頃	二,〇〇〇円	
加賀藩前田家と八丈島宇喜多一類	二,〇〇〇円	
加賀藩社会の医療と暮らし	三,〇〇〇円	
加賀藩の十村と十村分役	一〇,〇〇〇円	
立山の賦―地球科学から	三,〇〇〇円	
越中史の探求	二,四〇〇円	

書名	本体価格	注文
スペイン風邪の記憶	一,三〇〇円	○
地図の記憶	二,〇〇〇円	
山姥の記憶	二,〇〇〇円	
鉄道の記憶	三,八〇〇円	
有峰の記憶	二,四〇〇円	
おわらの記憶	一,八〇〇円	
となみ野散居村の記憶	二,〇〇〇円	
蟹工船の記憶	二,〇〇〇円	
越中の古代勢力と北陸社会	二,〇〇〇円	
ためされた地方自治	一,八〇〇円	
越前中世城郭図面集Ⅰ	二,五〇〇円	
越前中世城郭図面集Ⅱ	二,五〇〇円	
越前中世城郭図面集Ⅲ	三,〇〇〇円	
越前中世城郭図面集Ⅳ	三,〇〇〇円	
若狭中世城郭図面集	三,〇〇〇円	
棟方志功装画本の世界	四,四〇〇円	
小矢部川上流域の人々と暮らし	三,八〇〇円	
黒三ダムと朝鮮人労働者	二,〇〇〇円	
悪の日影 翁久允叢書1	一,六〇〇円	
中世「村」の登場	二,六〇〇円	
元禄の『グラミン銀行』	二,〇〇〇円	

ご注文者 住所氏名　〒

郵便はがき

930-0190

料金受取人払郵便

富山西局
承　認

559

差出有効期間
2025年
9月30日まで
切手をはらずに
お出し下さい。

（受取人）

富山市北代三六八三―一一

桂書房

行

愛読者カード

このたびは当社の出版物をお買い上げくださいまして,ありがとうございます。お手数ですが本カードをご記入の上,ご投函ください。みなさまのご意見を今後の出版に反映させていきたいと存じます。また本カードは大切に保存して,みなさまへの刊行ご案内の資料と致します。

書　名		お買い上げの時期 年　月　日	
ふりがな		男女	西暦／昭和／平成　　年生　歳
お名前			
ご住所	〒　　　　　　　　TEL.　　　（　　）		
ご職業			
お買い上げの書店名	書店	都道府県	市町

読後感をお聞かせください。

```
郵便はがき

930-0190
```

料金受取人払郵便

富山西局
承　認
310

差出有効期間
2024年
3月10日まで
切手をはらずに
お出し下さい。

（受取人）

富山市北代3683-11

桂　書　房　行

下記は小社出版物ですが、お持ちの本、ご注文する本に〇印をつけて下さい。

書　　　名	本体価格	持っている	注文	書　　　名	本体価格	持っている	注文
定本 納棺夫日記	1,500円			スペイン風邪の記憶	1,300円		
童話 つららの坊や	1,000円			地 図 の 記 憶	2,000円		
越中五箇山 炉辺史話	800円			鉄 道 の 記 憶	3,800円		
黒部奥山史談	3,000円			有 峰 の 記 憶	2,400円		
孤村のともし火	1,200円			おわらの記憶	2,800円		
二人の炭焼、二人の紙漉	2,000円			散居村の記憶	2,400円		
とやま元祖しらべ	1,500円			となみ野探検ガイドマップ	1,300円		
百年前の越中方言	1,600円			立山の賦－地球科学から	3,000円		
富山県の基本図書	1,800円			富山地学紀行	2,200円		
古代越中の万葉料理	1,300円			とやま巨木探訪	3,200円		
勝興寺と越中一向一揆	800円			富山の探鳥地	2,000円		
明智光秀の近世	800円			富 山 の 祭 り	1,800円		
加賀藩の入会林野	800円			千 代 女 の 謎	800円		
越中怪談紀行	1,800円			生と死の現在（いま）	1,500円		
とやまの石仏たち	2,800円			ホイッスルブローアー＝内部告発者	1,200円		
石 の 説 話	1,500円			富山なぞ食探検	1,600円		
油桐の歴史	800円			野菜の時代－富山の食と農	1,600円		
神通川むかし歩き	900円			立山縁起絵巻 有頼と十の物語	1,200円		
越中文学の情景	1,500円			長　 い　 道	1,900円		

桂書房の図書目録

くやしい一心で眼もまハさず

　私は落涙を禁じ得なかった。加賀金沢に生れ、親と江戸に出て巣鴨に暮らし、十三歳で十五年季の遊女に売られたカメが、年季明け一年前になって朋輩十六人と示し合わせその遊女屋に放火、自首するという嘉永二年（一八四九）一件について書かれた横山百合子氏の論文。

　遊女屋の主・佐吉は統率力のあるカメの年季を長引かせようと、逃亡した遊女玉芝を捕まえた折、玄能でもって頭を打つといういう折檻により、逃亡はカメにそそのかされたと玉芝にウソの証言を強要、カメを朋輩三十人の前に引き出し、裸にするや縄に縛り上げ、「弓の折れで四十五も叩き、飯も食わさぬ」という折檻で二年の年季延長を認めさせた――という事の次第。見出しはカメの日記に出る語で、「えり首や手のくびれるほど」締めあげられたけど、死んでたまるもんかと眼を回さなかった。序列筆頭の遊女が朋輩の前でウソを認めさせられる悔しさは、体の痛苦に勝った。朋輩たちの協力で玉芝の白状をとったカメは、三年後に迫る年季明けをうち捨て、火刑を覚悟した放火を仕組んで、佐吉の非道と冤罪を訴え

る、恥辱を晴らす道を選んだ。人間はかくも誇り高い。

　私は晴らすことがかなわなかった。四十四年前のある出版社。借りた写真一枚を私が紛失。社長は社員を集め、皆の前でもう一度、探すよう命じた。編集長をしていた私は、部下たちの前で一時間、探し尽したデスク周りの再捜索をした。徹夜残業の頃の、私に非のある責め苦であったが、人前にさらされ、逃亡できない空間に居続けさせられるのが拷問であることを身に刻んだ。落伍度のないカメの受けた恥辱はいかほどであったか。

　南町奉行・遠山は佐吉と放火に直接かかわった遊女三人には遠島、カメたちには軽い禁固を命じている。

　カメの日記原文は平仮名ばかり。遊女がなぜ日記を書くのか。「それが、人をその先に進ませる力をもつ」からではないかと横山氏はいう。私の祖母は鉛筆で平仮名ばかりの置き文をして何度か家出した。孫の前での母親（と祖母は仲が悪い）から受ける何かの譴責から逃れるためだったろう。書くという行為は切ない。

（勝山）

新刊案内

一前悦郎　湯浅直之
加賀百万石御仕立村始末記
―越中砺波郡広瀬舘村年貢米史

2023.5刊　2,000円

「御仕立村」とは飢饉等で立ち行かなくなった村を再建するための加賀藩の善政ともいえる政策のことである。かつて砺波郡広瀬舘村の所がだった湯浅家に、広瀬舘村が天保の飢饉で立ち行かなくなった際、加賀藩が広瀬舘村を救済するためとった政策の一部始終の書簡が残されていた。著者はこの資料を7年開かけて解析し、あわせて鎌倉時代から近代までの広瀬舘村の歴史を明らかにした。　A5判・241頁

真山美幸
老いは突然やってくる

2023.6刊　1,100円

「たとえ孤立することになろうとも、私は自分に正直に生きる道を選ぶ」――不自由さとは、老いることなのか？　抗いたいのは、この足の痛みなのか？　人生の折々で問い、思考をめぐらせ、試行錯誤にみちた《私》を生きていく。ふたつの掌で読む"手函小説"の第1章。　四六判・148頁

堀江節子
黒三ダムと朝鮮人労働者
―高熱隧道の向こうへ

2023.7刊　2,000円

前作『黒部・底方の声―朝鮮人労働者と黒三ダム』（1992年刊）が2023年に韓国語翻訳される。その続編として黒三ダムと朝鮮人の現在を記す。過去を変えることはできないが、二つの国の未来は変えられる?!――昨今の日韓関係のなかで、見つめ直す歴史と今。この本は、平和を願う人々の希望によって生まれた。　A5判・232頁

翁久允　須田満・水野真理子編集
悪の日影
翁久允叢書1

2023.10刊　1,000円

シアトル近郊で働きながら学校に通う文学青年片村が、仲間たちとともに恋や人生に悩む姿を、自然主義な作風で濃密に描いた青春群像劇。既婚者である酌婦らとの恋愛、青年たちは異国において人生の悲哀を味わい苦悶する。サンフランシスコの邦字新聞『日米』に1915年に発表された移民文芸の代表作。　文庫判・342頁

若林陵一
中世「村」の登場
―加賀国倉月荘と地域社会

2023.10刊　2,700円

中世後期に出現した「村」社会。その成り立ちには荘園制における領有主体の多元化が関係していた。外部諸勢力の関与、「郡」や「庄」等の制度的枠組とも重なり合う「村」はどのように織られていったのか。「村」を〈一個の交渉主体〉として捉え直し考察。　A5判・232頁

湯浅直之
私が聞いた福光の昔話

2023.10刊　900円

著者は、南砺市舘（福光町）で生まれ育った。そしてこの地域の戦中戦後、近隣の人達から聞き取った「昔話」の中から愉快な逸話を拾い上げ、温かみのある挿絵を入れてこの本をなした。文書も福光の方言を交えた話し言葉とし、読みやすくするため文字も大きくした。　A4判・63頁

酢谷琢磨
金沢の景2021

2023.10刊　1,800円

植物、名所旧跡、菓子などのカラー画像と解説で綴る一年。①兼六園梅林梅・雪景色②金沢城雪景色③桜④ツツジ⑤蕃薇・医王山鳶岩⑥アジサイ⑦兼六園梅林半夏生⑧オミナエシ・フジバカマ⑨名月と曼珠沙華⑩ホトトギス⑪兼六園山崎山紅葉⑫歳末風景。　新書判・349頁

勝山敏一
元禄の『グラミン銀行』
―加賀藩「連帯経済」の行方

2023.11刊　2,000円

元禄10年(1697)貧民に無担保で金を貸す仕法を開始、日用人たちの米の共同購入、米価高騰期に移出船が港町で米の一部を置いていく仕法と、3つの実践が200年維持された加賀藩新川郡の〈社会的連帯経済〉を初報告。　四六判・210頁

加藤享子
小矢部川上流域の人々と暮らし

未定

衣食住の多くを自給し、限りなく優しい山人に惹かれて、奥山の橋の掛け方、樹木草花の細々とした利用、昆虫食や夢食やドブ漬、ちょんがれ踊りや馬耕、干柿や糸挽き唄まで20余年に及ぶ調査と聞き書きの集大成。63の論考。　A4変判・370頁

髙田政公
学校をつくった男の物語

未定

1933年生。苦学して司法・行政書士、土地家屋調査士、宅地建物取引士などを開業、33歳でダイエー高岡店用地3000坪買収に成功。その利を測量専門学校創立に傾注、1973年の北陸開校から10周年・辞任まで波乱の半生を語る。　四六判・150頁

齊藤大紀
"あんま"の歌はビロード色
―津村謙伝

未定

入善町出身の津村謙(1923-61)は、「上海帰りのリル」などのヒット曲によって、戦後の大スターとなった。本書は、富山育ちの物静かで心優しい少年が、類まれな美声と努力によって夢をつかみながらも、不慮の事故によって早世するまでの、夢と挫折の物語である。

記憶シリーズ

山村調査グループ編　　　　　1995・3刊 2004・11増補
村の記憶　（品切れ）
96年地方出版文化功労賞

2,400円

過疎化が進んでついに廃村となった富山の80村を探訪。元住民の声を聞き、深い闇に閉ざされた村の歴史を振り返る画期的な書。なぜ、村は消えたのか？ 地図や当時の写真も満載。B5変判・341頁

竹内慎一郎編　　　　　　　　'99・8刊 2008・8再版
地図の記憶
―伊能忠敬の越中国沿岸測量記

2,000円

忠敬が日本全国を測量したのは緯度1度の長さを確定するためでもあった。享和3 (1803)年、越中沿岸を訪れた忠敬は何をし誰と会ったか、南北1度の確定と地図化はどのように具体化されたかを道中記と古絵図と文献で解明。B5変判・250頁

鈴木明子・勝山敏一　　　　　　　　　　2001・2刊
感化院の記憶
2002年地方出版文化功労賞

2,400円

明治国家が社会福祉分野で初めて予算をつけたのは感化院。不良児の処遇や子ども観の変遷を富山での創立者柴谷龍寛、滝本助造らの足跡にみる。感化院で育った院長の娘(明治44年生)の語りが感化教育の細部を蘇らせる。B5変判・390頁

齊藤泰助　　　　　　　　　　　　　　　2001・2刊
山姥の記憶

2,000円

深山に棲む山妖怪「山姥」に関する伝承は驚くほど多い。室町初期成立の謡曲の舞台となった北陸道山中の上路や新潟・長野・飛騨・尾張・奥三河にまで伝承収集の範囲を広げ、金時伝承や機織り伝承、神話や花祭りとの関連を考証する。B5変判・200頁

草　卓人　　　　　　　　　　　　　　　2006・2刊
鉄道の記憶

3,800円

明治30年、県内最初の中越鉄道をはじめ、立山軽便鉄道、富山電気鉄道、富山軽便鉄道、神岡鉱山線、砺波軽便鉄道、庄川水электрик軌道、富山県営鉄道等、全17線の《試乗記》など当時の新聞記事を網羅。建設の背景や経営の評論も。使用写真700点。709頁

松浦淳一　　　2008・10刊 2010・5定本刊 2015・4重版刊
定本 カドミウム被害百年　回顧と展望
―イタイイタイ病の記憶 （改題）　4,200円

世界に拡大するカドミウム被害の発生メカニズム、医学的解説や原因究明、裁判の経過、患者や家族の証言、汚染土壌復元や汚染水の現状、患者認定や資料館設置等、イタイイタイ病を「風化させないため」、被害の現状を伝え「拡大させないため」の最新定本版。606頁

千保川を語る会編　　　　　　　　　　　2009・3刊
千保川の記憶
高岡開町400年記念出版

2,800円

砺波扇状地を貫流する大河であった千保川。薪や米や塩を載せた長舟が行き交い、前田利長公の築城以来、幾万もの人生を映して流れ去った川水を呼び戻すような400点の写真が見もの、100人を超える地元の執筆者による華麗な文化史。B5変判・465頁

前田英雄編　　　　　　　　　　　　　　2009・8刊
有峰の記憶

2,400円

昭和3年(1928)閉村、昭和35年ダム湖に水没した有峰村の歴史と民俗を網羅、分析する。里に出た元村人の子孫に伝わる伝承と写真も掲載。常願寺源流の奥深い山里に千年を生きてきた人々のことを深く知れば、いまの人々もきっと千年は生き延びられる。B5変判・357頁

おわらを語る会編　　　　　　　　　　　2013・8刊
おわらの記憶

2,800円

富山市八尾町に伝わる民謡おわらは謎が多い。そんなおわらの実像を、文献資料を基に調査研究。明治から昭和初期までのおわらの変遷を紹介し、おわらがどのように磨かれていったかを明らかにする。資料編として豊富な資料を収録。B5変判・429頁

NPO法人 砺波土蔵の会編　　　　　　　　2015・7刊
散居村の記憶
―となみ野

2,400円

茅葺から瓦屋根に、牛馬耕から耕耘機へ、曲がりくねる道が直線的に、昭和30年代に始まり40年代に奔流となった散居村の変容を身をもって味わった人たちの、郷愁よりも根源的な、追慕と未練から成る記憶80余と写真300枚。B5変判・349頁

橋本 哲　　　　　　　　　　　　　　　2022・5刊
蟹工船の記憶
―富山と北海道

2,400円

カムチャッカで海水使用のカニ缶詰の世界初の製造は1917年。その富山県練習船「高志丸」に乗った大叔父の足跡を追い、北海道の県人に会い蟹工船事件を見つめて工場法と漁業法の矛盾を生きた工船に思いを馳せる。B5変判・240頁

歴史・社会・文化

立山黒部奥山の歴史と伝承
廣瀬 誠　'84・10刊　'96・5 4版
10,000円

立山信仰のカギ姥尊を古代に遡って照明し、立山開山・曼荼羅を史学国学民俗学の成果を駆使して解明。近世近代登山史や奥山廻り究明の日本岳史。
A5判上製・650頁

越中萬葉と記紀の古伝承
廣瀬 誠　'96・4刊
5,500円

大伴家持の国守在任で花開く越中萬葉歌壇。高志の八俣の大蛇、出雲の八千矛神と高志の沼河姫との神婚、今昔物語の立山地獄等、越中を彩る萬葉歌と古伝承の世界を読みとく一書。A5判・426頁

粗朶集（そだしゅう）
秋月 燁　'96・6刊
97年度地方出版文化功労賞
1,500円

富山のある山奥の村に暮らす作者が静謐と純潔の中で紡いだ初の短編集。収められた十三の物語は時に妖しく、どこか懐かしい。これは作者の手で開示された現代の神話だ。四六判上製・286頁

ある近代産婆の物語
―能登・竹島みいの語りより
西川麦子　**第26回渋沢賞**　'97・9刊　2004・3 2刷
2,800円

大正期末、門前町で開業した新産婆は出産を大変革。衛生行政と警察、人口政策と戦前、戦後の子産みの激変。みいのライフヒストリーを軸に近代の形成を地域につぶさに見る。被差別者の生業の一つでもあった旧産婆の軌跡にも光。A5判・350頁

布目順郎著作集（全4巻）
―繊維文化史の研究
布目順郎　'99・6刊
全巻セット 48,000円

氏は世界で最も多く古繊維を見た人と云われ、人骨や刀剣に付着出土する微小な繊維片から素材と産地を分析する。本著作集は繊維史に関する論文158編を網羅、繊維データも完備。総遺物767点、総写真793点、付表図95頁。A5判函入・総1876頁

富山県山名録
橋本　廣・佐伯邦夫編　2001・6刊
4,800円

岳人94人が3年がかりで県内山名のすべてを網羅《585》座。20世紀後半、雪崩を打って山村は過疎化したが、山村文化の最後の砦は山名。その由来や歴史民俗まで書き及ぶ本書をもって子供たちに《山》のある生活を伝えたい。B5判・総400頁

ホイッスルブローアー＝内部告発者
―我が心に恥じるものなし
串岡弘昭　2002・3刊
1,200円

業界のヤミカルテルを内部告発したトナミ運輸社員が、その後28年間昇格がなく仕事もなかった。残るも地獄、辞めるも地獄、耐え抜いて今、損害賠償と謝罪を求めて提訴。これは尊厳を懸けた戦い。ホイッスルブロー法を促す痛哭の書。四六判・228頁

富山民俗の位相
民家・料理・獅子舞・民具・年中行事・五箇山その他
佐伯安一　**竹内芳太郎賞**　2002・4刊
10,000円

富山民俗の基礎資料を長年にわたり積み上げ、県市町村史に分厚い報告を続けてきた著者の初の論集。民具一つを提示するにも、資料価値をたっぷり残しつつ（写真300点）日本民俗を視野に入れた実に人間味あふれた文章で描き出す。A5判・720頁

生と死の現在（いま）
読売新聞北陸支社　2002・7刊
1,500円

人間らしい生と死とはどういうことか。高齢化社会における介護問題、終末期医療のあり方、難病をかかえる人の生き方など、多様な視点を紹介し、生と死を通じて命の尊厳を考える。連載記事は「アップジョン医学記事賞」の特別賞を受けた。四六判・268頁

大本営派遣の記者たち
松本直治（元陸軍報道班員）　1993・12刊
1,800円

「戦争がいけない」と言えるのは始まる前まで―東京新聞記者の著者（1912～95）は1941年末、陸軍報道班員としてマレー戦線へ派遣されるや、シンガポール陥落など日本軍賛美の記事を送るしかなかった。井伏鱒二らの横顔を交え赤裸々に戦中の自己を綴る。戦後は富山で反戦記者魂を貫く。A5判・220頁

とやま巨木探訪
泉治夫・内島宏和・林茂 編　2005・6刊
3,200円

巨樹は一片のコケラにも樹霊がこもるという。23人の執筆者が500本余のリストから334本を選択し探訪。幹周・樹高や伝説を記録して全カラー掲載。付録「分布マップ」を手に例えば「暫定日本一」魚津市の洞杉を訪ねよう。B5変形判・300頁

青木新門	1993・3初版 2006・4定本

定本　納棺夫日記
94年地方出版文化功労賞

1,500円

死体を洗い柩に納める、ふと気付くと傍らで元恋人がいっぱいの涙を湛え見ていた一人の死に絶えず接してきた人の静かなる声がロングセラーとなった。生と死を分け過ぎてはいけない、詩と童話を付した定本。　　　　　　　　四六判・251頁

海野金一郎	2006・4刊

孤村のともし火

1,200円

1939～43年、飛騨山中を診療に廻った医師の三つの探訪記。加須良（白川村）では痛切な血の弔い話、山之村（阿曽布村）では民俗も探訪、柚が池（高根村）では伝説を詳しく紹介。ほかに民間療法と熊の膽の話。写真満載！　　　　　　四六判・160頁

松本文雄	2006・7刊 2014・12 2刷

司令部偵察機と富山

1,500円

太平洋戦争の末期、陸軍最高性能機の生産は空襲を避け富山県の呉羽紡織工場（大門・福野・井波）に移され、さらに庄川町山麓に地下工場を建設すべく―国家が個人を踏みにじるその様は、現・国民保護法の発動時が想像されて緊要なルポ。　四六判・195頁

福江　充	2006・9刊

立山信仰と布橋大灌頂法会
加賀藩芦峅寺衆徒の宗教儀礼と立山曼荼羅　2,800円

模写関係にある2つの立山曼荼羅の構図や画像と芦峅寺文書の分析から、大灌頂法会として確立される以前の江戸中期の布橋儀式を検討。また、立山信仰の根本の尊や、数珠繰り・立山大権現祭等の年中行事を論じる。　　　　　　　　A5判・298頁

長山直治	2006・11刊

兼六園を読み解く
その歴史と利用

3,000円

いつ出来たのか？　命名の経緯は？　宝暦9年の大火で焼失したのか？　現在の姿になったのはいつか？等々、兼六園の歴史には多くの謎がある。藩政期の日記や記録類を丹念に読み解き、実像に迫る。そこには代々の藩主の姿も浮かび上がる。　A5判・307頁

米丘寅吉	**2008年地方出版文化奨励賞**	2007・2刊

二人の炭焼、二人の紙漉
付・山口汎一「越中蛭谷紙」　2,000円

昭和21年、富山を振り出しに長野県栄村・群馬県東村と夫婦で遍歴、30年で元山に戻る伝統の炭焼、奥の深い技を披露する。故郷のビルダン紙を再興した妻が病床に倒れるとその紙漉を受け継ぐ、深く切ない夫婦の物語。　　　　　　　　A5判・255頁

山秋　真	荒井なみ子賞　やよりジャーナリスト賞	2007・5刊 2011・8再

ためされた地方自治
―原発の代理戦争にゆれた能登半島・珠洲市民の13年　1,800円

買収、外人攻撃…国策や電力会社の攻勢、地方政治の泥仕合を、都会の若い女性がルポしながら生き方をゆさぶられていく記録。いつの間にか巨悪に加担させられている私たちの魂も揺さぶらずにいない。上野千鶴子教授、激賞！　四六判・271頁

佐伯安一	2007・10刊

近世砺波平野の開発と散村の展開

8,000円

近世を通じて砺波平野の新田開発がどのように進んだかを具体的に説明し、散村の成立とその史的展開を論証（一～三章）。庄川の治水と用水（四・五章）。砺波平野の十町（六章）。農業技術史（七章）。巻末に砺波郡の近世村落一覧表。　B5判・371頁

尾田武雄	2008・3刊

とやまの石仏たち

2,800円

太子像が多い地区、痩せ仏の多い地区、真宗王国富山県は特色ある石仏の宝庫。30年の石仏研究を重ねた著者が、富山の石仏種のすべてを紹介する。秘仏の写真や著者お薦め散策コース、見やすいガイドマップとカラー写真を満載。　B5変判・191頁

久保尚文	2008・9刊

越中富山　山野川湊の中世史

5,600円

神通川上流山城と下流の湊を結ぶ鮮烈な巻頭論、喚起泉達録と牛ヶ首用水、院政期堀江荘、小出と金剛寺、崇聖寺と金屋・鋳物師、太田保と曹洞禅、和田惟政文書、専門流法華宗、土肥氏、佐々成政の冬季ざら越え否定論など、前著から24年、新稿12編を含む17編。　A5判・487頁

佐伯安一	2009・2刊 2013・8再版

合掌造り民家成立史考
日本建築学会文化賞

1,905円

60度正三角形の小屋組、合掌造りの発祥は五箇山なのか、飛騨白川郷なのか。氷見の大窪大工はどのように五箇山に入ったのか。江戸期の普請帳などを提示しながら成立過程を明確にし、いくつかの大疑問に決着をつける。　A5判・180頁

越中五箇山　炉辺史話

千秋謙治　2009・11刊
800円

平地へとがる峠道、対岸と結ぶ籠の渡、念仏道場を中心とした信仰、塩硝を生産し流刑地であった江戸期、合掌造り集落として世界遺産に登録など、明治になるまでは秘境ともいえた五箇山の暮らしと信仰と歴史を語る。　新書判・228頁

最古の富山県方言集
—高岡新報掲載「越中の方言」(武内七郎)

高木千恵・水谷美保・松丸真大・真田信治　2009・12刊
2,000円

大正期の新聞連載記事。見出し語は延3218語、名詞、動詞、副詞的表現や慣用句、俚諺が扱われている。名詞類は、植物名や農具名、親族名称のほか、地名・字や馬の毛色の表現など多岐。地域差や社会階層との関連にも言及。　四六判・352頁

前田普羅　その求道の詩魂
第25回俳人協会評論賞

中坪達哉　2010・4刊
2,000円

「わが俳句は俳句のためにあらず、更に高く深きものへの階段に過ぎず。こは俳句をいやしがたる意味にあらで、俳句を尊貴なる手段となしたるに過ぎず」普羅の作句精神を、普羅創刊『辛夷』の4代目主宰である著者が伝える。　四六判・240頁

水橋町(富山県)の米騒動

井本三夫　2010・9刊
2,000円

大正7年(1918)富山県米騒動は7月初めに水橋町で起こった。女仲仕や漁師の女房、軍人や目撃者から1960年代と1980年代に聞書きされた50もの証言を組み合わせ全体像を浮き彫りにする。米騒動研究の原点となるだろう。　B5変判・276頁

女一揆の誕生
—置き米と港町

勝山敏一　2010・11刊
2,000円

大正7年、富山県の港町で起こった米騒動は漁師の妻たちの決起。なぜ女性が？米価高騰時、移出米の一部を貧民に置いていく特別法が天明3年(1793)新潟県寺泊港に創始され、このことと連動してきたことを突き止める。　282頁

富山県の基本図書
—ふるさと調べの道しるべ

太田久夫　2011・7刊
1,800円

地域のことは、国語辞書や百科事典をみても分からない。長年、図書館司書として郷土資料に携わった著者が、富山県のことを調べるために有用な本127冊を取り上げて紹介。生涯学習や学校の総合学習の際の必携書。　A5判・252頁

イタイイタイ病報道史
17回ジャーナリスト基金賞奨励賞

向井嘉之・森岡斗志尚　2011・8刊
3,200円

イタイイタイ病が公害病に認定されて40年余り。明治以降、日本の新聞・雑誌・放送がどのように公害病を報道してきたのか。「公害ジャーナリズム」の視点から、公害病と向き合ってきたメディアの真の姿を知る報道史資料満載。　A5判・425頁

立山縁起絵巻
—有頼と十の物語

米田まさのり　2011・10刊
1,200円

白鷹を立山に追った有頼が見たものとは。有頼を慕い、禁を破り女人禁制の立山へ足を踏み入れた伏姫の運命は。開山伝説の伝える真実とは。ネパールで発想、立山山頂で完成された創作ストーリー。未来へ結ぶいのちの物語。　A5判・191頁

浄土と曇鸞
—中国仏教をひらく

栗三直隆　2012・2刊
1,800円

六世紀半ば、他力信心を中国で初めて説いた曇鸞(日本の親鸞はその「鸞」字をとる)。山西省五台山近くに生まれ、60歳で玄中寺に居住、各地に赴いて念仏往生を勧めた。その生涯の全貌を初めて詳らかにする全カラーの旧跡探訪。　A5判・132頁

富山地学紀行

藤田会編　2012・3刊
2,200円

東の立山から南の飛騨、西の能登へ延びる山稜、これら三方は古い岩石で形成、北の海岸に向かうほど новиい岩石の富山県。川流域ごと11に分け、天然記念物など地学スポット50ヵ所をカラーで紹介。藤井昭二富大名誉教授を囲む12名の執筆。　A5判

富山の探鳥地
—バードウォッチングに行こう！

松木鴻諮編　2012・10刊
2,000円

富山県内32ヶ所のお薦め探鳥地を春から順に紹介。各地で観察できる代表的な鳥たちをカラー写真(70点)で大きく掲載。見るだけで探鳥気分が味わえる。富山県鳥類目録は中級者以上にも役立つ最新棲息情報満載。　A5判・153頁

とやまNPO研究会編　2012・11刊 **NPOが動く とやまが動く** 市民社会これからのこと 第11回日本ＮＰＯ学会審査委員会特別賞　3,000円	弱い人が弱さを意識することのない社会、その実現が簡単にいかないのは協同より競争が勝ってしまうからか。市民社会の思想地図とも読める県内NPOの挑戦記録。300グループの基本データも網羅、有志8名分担執筆の力作。　A5判・498頁
柏原兵三（芥川賞作家）　'83刊 2013・2 2版 **長い道** 　　　　　　　　　　　　　　1,900円	太平洋戦争末期、父の古里へ一人で疎開した少年。土地っ子の級長が除け者にしたり物語を強制したりさまざまな屈従を強いるが、いじめられっこの魂が爆発、ついに暴力が─篠田正浩監督「少年時代」として映画化された疎開文学の傑作。　四六判・460頁
飛鳥寛栗　2013・4刊 **棟方志功・越中ものがたり** 　　　　　　　　　　　　　　2,000円	「私は富山では大きなしただきものをしました。それは南無阿弥陀仏」（自伝）。福光町疎開の6年を超えて、棟方の模索と探究にかかわった中田町の真宗僧侶の懐古記。大作制作依頼から五箇山での「柵шд」物語まで13編。A5変判・全カラー223頁
保科齊彦　2013・6刊 **越中草島 狐火騒動の真相** ─加賀藩主往還道の農民生活　2,000円	文化8年（1811）6月から翌年4月まで88件もの不審火が発生。「狐火」の真相を肝煎文書に探ると、加賀藩と富山藩が入り混じる村の過酷な宿場負担が浮かぶ。研究者にも驚きをもたらすだろう。挿図写真は全カラー100点余。　B5変判・187頁
長山直治　2013・9刊 **加賀藩を考える** ─藩主・海運・金沢町　　　2,000円	マスコミの描く加賀藩の歴史像、たとえば藩が能を奨励したため金沢では能楽が盛ん、と説明されることがあるが、藩が直接町人に能を奨励している史料は確認できず、無条件に奨励されていたわけではない。本書では藩主、海運、金沢町という観点から加賀藩像の実像に迫る。　A5判・304頁
古川知明　2014・3刊 **富山城の縄張と城下町の構造** 　　　　　　　　　　　　　　5,000円	利長が整備した慶長期の富山城。利次が整備した寛文期の富山城。それぞれの城郭と城下町の特色と変遷を、発掘調査の成果・絵図・文書を駆使して明らかにする。また、富山城と高岡城との比較、高岡城の高山右近縄張説を検討。　A5判・393頁
森 葉月　2014・5刊 **宗教・反宗教・脱宗教** ─作家岩倉政治における思想の冒険　3,000円	岩倉政治は禅学者の鈴木大拙とマルクス主義哲学者の戸坂潤との出会いにより、唯物論の学習に邁進するが、その本質は「宗教か反宗教か」「親鸞かマルクスか」にとどまらず、思想の冒険へと踏み出していくところにあった。岩倉の「脱宗教」は、親鸞の「自然法爾」と結びつく岩倉の生涯をたどり、その思想と文学を論じた出色の力作。　四六判・367頁
勝山敏一　2015・2刊 **明治・行き当たりレンズ** ─他人本位から自己本位へ、そして　1,800円	富山郊外を散策、行き当たりばったりカメラを向け市民の反応を記していく連載記事をていねいに分析、江戸期文明の残影と明治末の富山人の価値観を掬い上げる。高岡新報・井上江花遺族宅に残った原版70点を甦らせたカラー版。　　A5判・149頁
盛永宏太郎　2015・8刊 **越嵐** ─戦国北陸三国志　　　　　　2,800円	室町幕府誕生から江戸幕府開設当初まで主な戦乱を取り込み、天下を動かした権力者たちの動向と、それに連動した北陸武将の活躍を伝える戦国物語。原則年代順に書かれているので北陸地方の歴史を知る上でたいへん面白い。四六判・750頁
高岡新報編　2015・9刊 **越中怪談紀行** 　　　　　　　　　　　　　　1,800円	例えば、浮世の味気なきを感じた遊女が身を沈めた「池」が放生津沖の「海」中に今もあるという。奇怪な仕掛けを持ち、庶民のうっ積した情念をみる怪談を集め、100年前の1914（大正3）年に連載された48話を現地探訪するカラー版。　　A5判・153頁
真田信治　2016・2刊 **変わりゆく時見るごとに** ─私のライフステージ　　　　1,500円	握りしめた何円かで初めて飴を買って帰ったら母は「欲しいものは与えるのに」と泣き、お金の働きを知りたかった四歳児は打ち震える。人に伝える難しさ、越中五箇山での幼年から奈良の老年まで言語学者に蘇る記憶はなぜかほろ苦い。　　新書判・183頁

富山県建築士会	**建築職人アーカイブ** ― 富山の住まいと街並みを造った職人たち	2016・3刊	1,500円	木挽・製材・銘木・大工・宮大工・鋸目立・型枠・鉄筋・鉄工・杭打・栗石・茅葺・土居葺・瓦焼・瓦葺・板金・鋳・アルミキャスト・防水・左官・鏝絵・タイル・建具・漆塗・木工・家具・畳工・配管・鑿井・電工・曳方・石貼・石工・造園・看板。36職82名の人物紹介。	A5判・219頁
磯部祐子・森賀一惠	**富山文学の黎明(一)** ―漢文小説『蜉洲餘珠』(巻上)を読む	2016・3刊	1,100円	高岡の漢学者、寺崎蜉洲の漢文小説『蜉洲餘珠』上巻。「姑祖伝説『六治古』」は孝行息子、六治古の話。「毛佛翁」は坊主におちょくられ調子に乗る下女の話。「鬓棲」は悪人の横恋慕で引き裂かれた夫婦が竜宮王の恩返しで救われる話。全17話を翻訳、解説する。	四六判・124頁
神通川むかし歩き編集委員会編	**神通川むかし歩き**	2016・3刊	900円	かつて富山の町中を流れていた神通川。時々暴れるが豊かな漁場をもち鮎・鮭・鱒が多く獲れた。明治の改修により町中から消えた大河について古老の川漁師に聞書、抜群に面白い話をつむぐ。むかしの神通川を歩いてみよう。	A5判・95頁
山本勝博著、稲村修監修	**ホタルイカ** ―不思議の海の妖精たち	2016・5刊	1,300円	発光するイカが産卵のため沿岸に集まってくる世界でただ一ヶ所の富山湾中部、とりわけ滑川沖は国の天然記念物に指定。その発光の仕組み、目的、回遊経路など生物学的にわかりやすく解説、100点余のカラー写真を掲載。	B5判・102頁
丸本由美子	**加賀藩救恤考** ―非人小屋の成立と限界	2016・6刊	3,700円	早期かつ大規模に実施された救恤政策により「政治は一加賀、二土佐」と称されたその実像を検証する画期的論考。寛文飢饉、元禄飢饉、そして天保飢饉、非人小屋創設の経緯を軸に加賀藩政がいかなる展開を見せるかを明らかに。	A5判・264頁
勝山敏一	**北陸海に鯨が来た頃**	2016・6刊	2,000円	明治初め突然に捕鯨を始める内灘・美川・日末の加賀沿海。定置網発祥の越中・能登では江戸中期から「専守防衛」の捕鯨を。見渡す限りの鯨群が日本海にあったことを実感する初の北陸捕鯨史。「能州鯨捕絵巻」や遺品もカラー紹介。	A5判・237頁
竹松幸香	**近世金沢の出版**	2016・6刊	4,200円	金沢の書肆が関わった出版物と金沢の書肆を悉皆調査し、三都や他地方と比較。俳人・儒者・町人・与力の日記、陪臣の蔵書や「書目」等を分析し、書物の受容と文化交流を検討。加賀藩の文化のあり方を再考する。	A5判・284頁
小倉利丸	**絶望のユートピア**	2016・10刊	5,000円	なぜ今の日本が、世界が、これほどまでに不安定で脆弱なのか? ナショナリズムの不寛容、環境と生命を蹂躙にする科学技術、戦争を平和と言いくるめる政治の欺瞞を抉り、分野・領域を超えて絶望の時代からユートピアの夢を探るエッセイ群。	A5判・1250頁
深井甚三	**加賀藩の都市の研究**	2016・10刊	6,000円	富山藩・大聖寺藩も対象にしていて前田藩領社会の研究。第一部:町の形成・展開と村・地域(氷見、小杉、城端、井波)、第二部:環境・災害と都市(氷見、西岩瀬、泊、小杉新町)、第三部:町の住民と商業・流通(井波、大聖寺、金沢、氷見、小杉)。	A5判・556頁、カラー口絵6頁
桂書房Casa小院瀬見編集部	**越中 福光麻布**	2016・12刊	1,800円	砺波郡では八講布という麻布が織られていた。小松絹と並び、加賀藩随一の産品で集散地の名をとり福光麻布と呼ばれてきたが、昭和天皇大喪の礼の古装束市供給を最後に途絶えた。本著のため織機を復元し麻布復活の夢を託す。	四六版・192頁
磯部祐子 森賀一惠	**富山文学の黎明 (二)** ―漢文小説『蜉洲餘珠』(巻下)を読む―	2017・3刊	1,300円	高岡の漢学者、寺崎蜉洲の漢文小説『蜉洲餘珠』下巻。既刊の上巻に続き、源義経一行の狐退治、『義経公』など全25話を翻訳、解説。『蜉洲餘珠』への清の小説『聊斎志異』の影響論じた一文を附載。	四六判・154頁

| 経沢信弘 | 2017・5刊 | プロ料理人が万葉歌と時代背景を分析、古代人の食材への向き合い方に迫り、1300年前の料理を再現。カタクリ・しただみ・鯛・鴨・鮎・すすたけ・葦附・赤米・藻塩・寒天・蘇。当時の土器を用いたカラー撮影。論考も付く。 A5変・93頁 |

古代越中の万葉料理

1,300円

| 松波淳一 | 2017・6改訂 | 女性は血中の鉄分が少なくカドミウムの吸収率が男の三倍という事実から発想、長年弁護活動を通じて患者たちとイ病を見つめてきた筆者が医学研究の成果をとりいれ男女差形成の過程を分析、新しい問題を提起するに至る。 B6判・104頁 |

私説・イタイイタイ病は何故に女性に多発してきているか

800円

| 一前悦郎　山崎　栄 | 2017・10刊 | 鎌倉時代、越中弘瀬郷(富山県南砺市)に領家と地頭の争いに幕府から下された「弘長二年関東下知状」が伝わる。長文でしかも難解な裁判記録を読み解くうちに今から800年前の郷土の歴史がおぼろげに見えてきた。 A5判・216頁 |

関東下知状を読む
弘長二年　越中弘瀬郷

2,000円

| 木本秀樹 | 2017・12刊 | 北陸道・支道の古代跡の県内発見や三越分割以前の「高志国」木簡などをもとに在地勢力を検討、唐人の越中国補任や『喚起泉達録』の考察、災害古記録を収集し対処法から思想を見るなど、最新の古代北陸像について書き下ろす。 A5判・300頁 |

越中の古代勢力と北陸社会

2,500円

| 高野靖彦 | 2018・3刊 | 内陸直下型の安政飛越地震は、越中では家屋倒壊や液状化現象の震害に加え、土石流による洪水を引き起こした。被害と復旧事業の記録から、減災・縮災のための道筋をさぐる。付表に安政飛越地震の被害データベース。 A5判・235頁 |

安政飛越地震の史的研究
―自然災害にみる越中幕末史

2,500円

| 阿南　透・藤本武編 | 2018・3刊 | 秀吉下賜の高岡御車山に始まり城端・伏木・新湊・岩瀬の曳山、福野・砺波の夜高、八尾風の盆、魚津のたてもん、富山市のさんさい踊り、福岡町のつくりもの他10の祭り、その運営にどこまで迫る全カラーの研究レポート。 A5判・250頁 |

富山の祭り
―町・人・季節輝く

1,800円

| 大西泰正 | 2018・8刊 | 関ヶ原合戦に敗れた備前岡山の大名宇喜多秀家。八丈島に流された秀家親子とその子孫の実像を、加賀藩前田家との関係を通じて明快に復元する。新たな史料を駆使して描かれる没落大名の軌跡。通説を切り崩す研究成果。 A5判・188頁 |

論集　加賀藩前田家と八丈島宇喜多一類

2,000円

| 綿抜豊昭・鹿島美千代 | 2018・9刊 | 近代俳句史上、重大事であった明治26年「松尾芭蕉二百回忌」について、どのようなものであったか、それに関連する追善集などの出版物にどのようなものがあったかを明らかにした、近代俳句文化を知る上での必読書。 A5判・235頁 |

芭蕉二百回忌の諸相

2,500円

| 米原　寛 | 2018・10刊 | 立山信仰研究の論点である開山の概念と時期、信仰景観の変容、立山信仰の基層をなす思想、立山曼荼羅の諸相と布橋大灌頂の思想、立山信仰の受容と継承・発展の舞台となった宗教村落芦峅寺の活動などから考察する。 A5判・360頁 |

立山信仰研究の諸論点

2,500円

| 木越隆三 | 2019・5刊 | 利常最晩年に実施された改作法には、加能越三カ一〇郡の地域多様性に配慮した工夫が随所にあった。「御開作」という農業振興理念を掲げ加賀藩政のシンボルとなった改作法の原型にメスを入れ、領民の藩帰属意識に作用した背景に迫る。 A5判・420頁 |

加賀藩改作法の地域的展開
―地域多様性と藩アイデンティティー―

4,200円

| 笠森　勇 | 2019・10刊 | 文明批評家の視点をもつ堀田善衞、そのユニークな文学世界を概観。人類が築き上げた叡智もそこのけにして、いつでも戦争という愚行にはしる人間を描く堀田文学には、類まれな世界的視野と未来への志向がある。 A5判・255頁 |

堀田善衞の文学世界

2,000円

【語り部】小澤浩・吉田裕・犬島肇・山田博・鈴木明子・勝山敏一　2019・11刊	
# ものがたり〈近代日本と憲法〉 ――憲法問題を「歴史」からひもとく　1,600円	歴史研究者と市民の有志が、立場や思想の違いを超えて「憲法問題」を語り合った意欲作。執筆者を「語り部」になぞらえ、地域史の視点を盛り込むなど、歴史教科書にない面白さを追求し「近代日本」問題を提起する書。　　　　A5判・170頁

池田仁子　　　　　　　　　　　　　　　2019・12刊
加賀藩社会の医療と暮らし
　　　　　　　　　　　　　　　　　　3,000円

藩主前田家の医療、医療政策、藩老の家臣と生活、町の暮らしと医者、庭の利用と保養、安宅船の朝鮮漂流と動向、村の生活文化など、一次史料を駆使。政治史的視座の必要性を説き、医療文化の呼称を試みる。　　　　　　　　　　A5判・344頁

谷沢　修編　　　　　　　　　　　　　　2020・1刊
「平安時代」を読む
――平安遷都の年（794）から源氏挙兵の年（1180）まで――
　　　4巻セット40,000円（分売なし）

「大日本史料」と「平安遺文」を背骨に「日本後紀」「続後紀」「文徳天皇実録」「三代実録」「類聚国史」など多数文献から史資料を時系列に立項。「朝野群載」編年目録と総2790頁すべてを検索できるCD付き。　　　　　　　全四巻（各700頁）A4判

立野幸雄　　　　　　　　　　　　　　　2020・5刊
富山文学探訪
　　　　　　　　　　　　　　　　　　2,200円

土地ごとに特産品があるように、その土地ならではの文学作品がある。県内全域から100を超える珠玉の作品と三島霜川・源氏鶏太、野村尚吾ら作家を紹介。また泉鏡花の富山での足跡や作品を探る。　　　　　　　　　　　　　　　四六判・417頁

盛永宏太郎　　　　　　　　　　　　　　2020・9刊
戦国越中外史
　　　　　　　　　　　　　　　　　　2,000円

戦国時代の主に越中と越中に有縁の人々の生き様を軸にして時代の流れを描く。嘉吉元年（1441）の嘉吉の乱に始まり大坂冬の陣と夏の陣を経て、幕府の厳しい監視下で戦争のない天下泰平の世に至った174年間の戦国外史。　　　四六判・527頁

栗三直隆　　　　　　　　　　　　　　　2020・12刊
スペイン風邪の記憶
――大流行の富山県　　　　　　　　　　1,300円

新型コロナ流行の現在から100年前、アメリカ発祥のインフルエンザが第一次大戦の人移動によりパンデミックに。日本でも富山県でいち早く大流行、第三波まで41万人感染、死者5500人に。その実態報告を緊急出版！　　　　　　A5判・117頁

小澤　浩　　　　　　　　　　　　　　　2020・12刊
ひとと出会う／自分と出会う
　　　　　　　　　　　　　　　　　　1,300円

日本の戦後史・史学史・民衆史を個人史でいわば串刺しにした切れ味鋭い著作（一橋大学名誉教授吉田裕氏の推薦の辞）。安丸良夫・黒田俊雄・竹内好・武田清子・家永三郎・荒畑寒村ほか電気屋のロン氏まで16人を紹介。　　　　　新書判・254頁

保科齊彦編　　　　　　　　　　　　　　2021・5刊
加賀藩の十村と十村分役
――越中を中心に――　　　　　　　　10,000円

「一加賀、二土佐」と評価された加賀藩政は改作法、十村制度に負う。越中の農業・農政を担った百姓代官十村役を年別・役別・組別に一覧し、制度の変遷・特色を考える。富山藩十村役も点描、加越能三カ国全十村名簿収録。　　　B5判・1000頁

川崎一朗　　　　　　　　　　　　　　　2021・11刊
立山の賦
――地球科学から　　　　　　　　　　3,000円

立山とその周辺を近畿中央部と対照しながら、活断層と地殻変動、深部構造と第四紀隆起、小竹貝塚、大伴家持と立山、飛騨山地の地震活動などを絡め地球科学と考古学・古代史の架橋を試み、その最新データを全カラー報告。　　B5判・347頁

北陸中世近世移行期研究会編　　　　　　2021・12刊
地域統合の多様と複合
　　　　　　　　　　　　　　　　　　3,600円

北陸で地域統合が、どのような矛盾・対立、協調・連携のなかで生じ、「近世」的統合（支配）に帰結したのか。渡賀多聞・角明浩・川名俊・塩崎久代・佐藤圭・大西泰正・萩原大輔・中村只吾・長谷川裕子・木越隆三が執筆。　　　A5判・424頁

三鍋久雄　　　　　　　　　　　　　　　2022・4刊
立山御案内
　　　　　　　　　　　　　　　　　　3,000円

立山は大宝元年（701）佐伯有頼慈興上人の開山。大伴家持に詠まれて魅力が流布された。史料に見る立山神や仏・経典、書物に見る立山像や石仏・湖沼など幅広く紹介で。今後の基本書となろう。カラー写真図版300点余。　　　　A4判・264頁

桜田芽依	2022・5刊	「お母さん、私のこと、可愛くなかった？」幼少期より母親からの支配を受けてきた一人の女性が得た、人生の気づきとは。人々との出会いの中で考えた「与える幸せ」と「与えられる幸せ」について懸命に綴った、ある女性の物語。　四六判・131頁

産んでくれてありがとう
1,000円

富山城研究会	2022・7刊	120万石を統べる近世最大の大名前田利長が築いた富山城。巨石5石を配した圧巻の石垣は、富山藩の改修を経て、富山城址公園に残る。本書は、解体修理工事や発掘での新知見を踏まえ、石垣の散策に必携のカラー案内書。　B5判・100頁

石垣から読み解く富山城
1,300円

森越 博	2022・7刊	禅学者・鈴木大拙が「妙好人の筆頭」と称えた、赤尾の道宗をはじめ、現代まで富山県からは脈々と妙好人が輩出した。その事績を歴史編と史料編に分け確実な文献にもとづき紹介しつつ、妙好人の現代的意義を考察する。　A5判・331頁

妙好人が生きる
――とやまの念仏者たち
2,000円

中明文男	2022・8刊	散村地域の形成は中世末から近世にかけてと言われる。肝煎の『過去記』で知る政治と土地開発。義倉にみる飢饉対策は、今日の食糧危機への対応を考えさせられる。幕末から現代まで、身近な地域の歴史から読み解く未来へのメッセージ。　A5判・156頁

地域の歴史から学ぶ
――砺波散村を中心に
1,500円

由谷裕哉編	2022・9刊	本書では、「交通・交流」「イーミックな志向」「仏教文化」「生成することへの注目」の4つのポイントを提示し、四人の執筆者がそれぞれの視点から、能登の宗教と民俗に関するこれまでの捉え方の代案を求める。　A5判・168頁

能登の宗教・民俗の生成
2,500円

辛夷社	2022・9刊	『定本普羅句集』および未収録句を精選し、季語別に編集。春・夏・秋・冬の部に分け、月別に季語を収録。巻頭に月別の目次、巻末に音訓索引が付く。作句の参考に最適の書。　A6変判・295頁

前田普羅　季語別句集
3,000円

谷沢 修編	2022・11刊	先編著『「平安時代」を読む』の「弁官」の項の相当部を先行の刊行史料および該当期の史料などを対校・整理しながら各年の左・右・大・中・少、権弁を逐次掲出し、単独刊行。　A4判・830頁

「平安時代」の弁官補任の整理
(上) 延暦十三年(794)から寛弘六年(1009)まで
(下) 寛弘七年(1010)から治承四年(1180)まで　10,000円

とやまNPO研究会	2022・11刊	人と人との分断を強いる新型コロナウイルスに市民活動やNPO活動はどのような影響を受け、これからどう動き出すのか。取り上げたNPO法人・市民団体67団体、NPOリーダー32人。新型コロナの影響に関する87団体のアンケート結果も掲載。　A5判・320頁

新・NPOが動く　とやまが動く
――コロナ禍を越えて
3,000円

木越隆三編	2022・11刊	小松寺庵騒動・流刑・加賀国初遺文・走百姓・鷹匠・凶作能登・勝興寺・人参御用・夙嫉入輿・測量方・疱瘡と種痘・武家読書記録・国学者田中劾之・在郷町井波・十村成敗・風説書分析・軍事技術・京都警衛――18名の論考。　A5判・473頁

加賀藩研究を切り拓く II
4,000円

山本正敏編	2023・3刊	棟方の赤貧を支えた本と雑誌の装画仕業（しごと）、収録880点、その全貌がここに！「民藝」、保田與重郎・谷崎潤一郎とつらなる戦前・戦後の人脈と装画を全カラーで時系列に並べて一覧できる大型本で、ファン待望の書。石井頼子氏寄稿。　A4判・296頁

棟方志功　装画本の世界
――山本コレクションを中心に
4,400円

城岡朋洋	2023・5刊	「古代」蚕の真綿が400年も越中特産だったこと、中世飢饉により「立山」地獄が焦点化された様子、「富山近代化」国への建白のほとんどが20代青年であったなど、山野河海に恵まれた越中史の異彩部を発掘する新稿を含む12論考。　A5判・310頁

越中史の探求
2,400円

各種シリーズ

日本海／東アジアの地中海　日本海総合研究プロジェクト研究報告1
金関恕／監修　中井精一・内山純蔵・高橋浩二／編　2004・3刊　A5判・300頁　3,000円

アワビを求めて日本海沿岸を移動する古代のアマ集団。冬場、集落をイノシシの狩場にする縄文人。方言の東西対立や音韻現象の分布に見る古代の文化受容。日本海沿岸文化を考古学、人類学、社会言語学などから分析する論考12篇。

日本海沿岸の地域特性とことば　—富山県方言の過去・現在・未来
真田信治／監修　中井精一・内山純蔵・高橋浩二／編　2004・3刊　A5判・304頁　3,000円

ことばは、人に最も密接した文化である。方言地理学・比較言語学・社会言語学等々ことばの分析から、サハリンから九州まで富山県を中心とした日本海沿岸地域を考える論考16篇。日本海総合研究プロジェクト研究報告2。

日本のフィールド言語学　—新たな学の創造にむけた富山からの提言
真田信治／監修　中井精一・ダニエル ロング・松田謙次郎／編　2006・5刊　A5判・330頁　3,000円

中間言語とネオ方言の比較、語彙と環境利用、誤用と言語変化の関わり、談話資料の文法研究、方言談話の地域差・世代差・場面差、方言と共通語の使い分け意識、等々、日本の言語研究の第一線で活躍する22名の論考。日本海総合研究プロジェクト研究報告。

海域世界のネットワークと重層性　日本海総合研究プロジェクト研究報告3
濱下武志／監修　川村朋貴・小林功・中井精一／編　2008・5刊　A5判・265頁　3,000円

一見、障壁のような海は、無関係のように見える各地の人々の生活を結びつける。17世紀初頭朝鮮に伝えられた世界地理情報、生麦事件〜薩英戦争に見る幕・薩・英の関係、シンガポールにおけるイギリス帝国体制の再編、上海共同租界行政、ほか。

東アジア内海の環境と文化　日本海総合研究プロジェクト研究報告5
金関恕／監修　内山純蔵・中井精一・中村大／編　2010・3刊　A5判・362頁　3,000円

石器組成から見た定住化の過程、気象語彙や観天望気にみる環境認識、龍・大蛇説話が語る開拓と洪水、観光戦略とイメージ形成。環境と文化がどのように作用するかを、考古学・言語学・民俗学・地理学・人類学から探る。

人文知のカレイドスコープ　富山大学人文学部叢書1
富山大学人文学部編　2018・3刊　A5判・149頁　1,500円

脳障害の社会学、ダークツーリズム、敬語の地域例、出土仮名文字、内藤湖南と桑原隲蔵、カントの理性批判、犯罪を人文学する、最新アメリカ映画、ドイツ語辞典重要語、甲骨文の普遍性、漢文訓読の転回など12の多分野報告。

人文知のカレイドスコープ　富山大学人文学部叢書Ⅱ
富山大学人文学部編　2019・3刊　A5判・115頁　1,500円

連続体の迷宮、フランス右翼の論理、ロシア人の死生観、「宇治十帖」とジッド「狭き門」、ルールとは何か、韓国のLGBT、アメリカの生殖を巡るポリティクス、子どもの生活空間と町づくり、音声面での方言らしさの定義等。

人文知のカレイドスコープ　富山大学人文学部叢書Ⅲ
富山大学人文学部編　2020・3刊　A5判・120頁　1,500円

連体修飾の幻影／英語の所有表現／コリャーク語／『ハムレット』改作／アリストテレス時間論／中央アジア近世史／スェーデン兵の従軍記録／人工知能の社会学／トークセラピー／黒人教会の音楽する身体／人間の安全保障ほか

人文知のカレイドスコープ　富山大学人文学部叢書Ⅳ
富山大学人文学部編　2021・3刊　A5判・95頁　1,300円

日本語の運用と継承、1709年のペストとスウェーデン、感染症と人文学、ハーンと感染症、20世紀初頭アメリカの感染症、パンデミックと世界文学、ボランタリーな地理情報の可能性、新型コロナウィルスがもたらす心理。

人文知のカレイドスコープ　富山大学人文学部叢書Ⅴ
富山大学人文学部編　2022・3刊　A5判・132頁　1,500円

ソマリランドという名称を用いる人々、承久の乱の歴史像、白バラのビラ、翻訳を通した言語対照、ワーキングメモリ、離婚後の親子関係、青少年のコロナ禍、気分・感情のコントロール、歌手・津村謙、母性という隠れ蓑。

人文知のカレイドスコープ　富山大学人文学部叢書Ⅵ

富山大学人文学部編　2023・3刊　A5判・89頁　1,300円

朝鮮語の處格と屬格、日本語の文章ジャンルと文法形式、唐の帝国的支配の構造、貝原益軒の思想、テクスト化された脱北者の語り、漢詩人岡崎藍田がみた中国、出土絵馬の研究。

その他の翻刻・影印本

加賀藩料理人舟木伝内編著集　2006・4刊　A5判・290頁　4,000円

享保10年「舟木伝内随筆」享保17年「料理方故実伝略」享保18年「調禁忌弁略序」安永4年「五節句集解」安永5年「式正膳部集解」寛政6年「ちから草」「力草聞書」「料理ちから草聞書」の翻刻。

〈加賀料理〉考　陶智子・笠原好美・綿抜豊昭編　2009・4刊　A5判・217頁　2,800円

加賀料理を藩主の御前料理に限定して、じぶ・燕巣・麩・豆腐・鱈・鮭・鯛・鯉について考察8編。そしてお抱え料理人・小島為善（1816～93）の編著から公的な献立・作法を記した『真砂子集』、調理方法をまとめた『真砂子集聞書』を翻刻。付・小島為善―編著集

フラーシェムN・良子 校訂・編集　2016・4刊

榊原守郁史記
―安政5年～明治22年

2,400円

200石取り加賀武士が日々ひろげる交友関係は夥しい。政治向き文化向き多層の武士・町人の往来記録は多様な研究観点に応えよう。元治の変や慶応三年鳥羽伏見の戦い、戊辰の役など、歴史的証言も貴重。詳細な人名註が付く。　A5判・210頁

監修・長山直治　編者（解読）・髙木喜美子　2011・4刊

大野木克寛日記（本編6巻＋別巻1）
―享保元年(1716)～宝暦4年(1754)

46,000円

加賀藩の奏者番（1650石）をつとめる上級武士の日記の全翻刻（原本32巻は金沢市立玉川近世史料館蔵）。公務や諸藩士の動き、江戸や他藩の情報の出入りから家内の暮らしまで、史料の少ない近世中期の得がたい資料集。綱文・人名索引あり。

政隣記　津田政隣編、校訂・編集＝読む有志の会（代表 髙木喜美子）　A5判・平均400頁

天文7年から文化11年（編者没年）まで加賀藩政を編年体でまとめた重要史書。公刊の「加賀藩史料」が多くを拠ったもので、誤記・省略点少なからずとされていたところ、校訂者が全翻刻を企画。随時続刊。

―享保元年～二十年	2013・2刊 3,000円	―寛政二年～四年	2018・6刊 3,000円
―元文元年～延享四年	2013・10刊 3,000円	―寛政五年	2019・5刊 2,500円
―延享四年～宝暦十年	2014・3刊 3,000円	―寛政六年～七年	2020・1刊 3,000円
―宝暦十一年～安永七年	2015・2刊 3,000円	―寛政八年～十二年	2020・5刊 3,000円
―安永八年～天明二年	2016・4刊 3,000円	―享和元年～三年	2021・1刊 3,000円
―天明三年～六年	2017・6刊 3,500円	―文化元年～二年	2021・6刊 3,000円
―天明七年～九年	2017・10刊 3,000円	―文化三年～四年	2023・3刊 4,000円

麦仙城烏岬著　富山郷土史会編　2020・9刊

「俳諧　多磨比路飛」影印・翻刻

1,600円

安政3年（1856）刊の俳譜選集。画工・守美の越中名所図絵31枚を配し、高岡・氷見・新湊・小杉・岩瀬・上市・三日市・泊・滑川・井波・福野・福光・水橋・富山と各地俳人の句を紹介。当時を偲ぶ貴重な歴史史料。　A4判・95頁

太田久夫・仁ヶ竹亮介編　2022・3刊

林忠正等書簡集（翻刻）

1,800円

幕末に越中高岡の蘭方医・長崎家に生まれ、パリで世界的な美術商として成功、東西美術の交流に尽力した忠正が実家の長崎家に宛てた書簡等52通の翻刻を初公開。付録に忠正関連の文献・記事目録や口述自伝も収録。　A4判・111頁

越中資料集成

A5判 上製函入

富山藩侍帳／町吟味所御触書
越中古文書／越中紀行文集
喚起泉達録・越中奇談集
黒部奥山廻記録
旧新川県誌稿・海内果関係文書
越中真宗史料
越中立山古記録 I・II・III・IV

城郭図面集

佐伯哲也 越中中世城郭図面集 II —東部編(下新川郡・黒部市・魚津市・滑川市)	2012・5刊 2,000円	全国の中世城郭を調査してきた著者が、富山県の城館を紹介するシリーズ第2弾。鎌倉時代以降に築城され慶長20年(1615)以前に廃城となった東部の中世城41ヵ所を、松倉城(魚津市)を中心に縄張図や故事来歴で解説。　A4判・81頁
佐伯哲也 越中中世城郭図面集 III —西部(氷見・高岡・小矢部・砺波・南砺)・補遺編	2013・11刊 5,000円	鎌倉期以降に築城、慶長20年(1615)以前に廃城の県西部の城館85ヵ所の縄張り図を掲げ、故事来歴も解説。有名な増山城や高岡城は特別増頁で紹介。これで219ヵ所を網羅することになるファン待望の三巻目完結編。　A4判・277頁
佐伯哲也 能登中世城郭図面集	2015・8刊 4,000円	旧能登国(珠洲市・輪島市・能都町・穴水町・志賀町・七尾市・中能登町・羽咋市・宝達志水町)の城郭119城を、すべて詳細な縄張図を添付して紹介。加えて文献史学・考古学の最新成果も解説。能登城郭を一覧できる決定版。　A4判・274頁
佐伯哲也 加賀中世城郭図面集	2017・3刊 5,000円	「百姓の持ちたる国」加賀国では一向一揆城郭と織田軍城郭がいりみだれて存在、最新知見をとりこみ従来報告の多くを訂正する。初源的な惣堀の残る和田山城(能美市)、北陸街道を扼する堅田城(金沢市)など63城、他28遺構。　A4判・229頁
佐伯哲也 飛驒中世城郭図面集	2018・5刊 5,000円	三木・江馬・姉小路氏が激突した舞台の城郭を、新視点から切り込み、新説を多く取り入れ解説。特論「松倉城の石垣について」は従来説を大きく覆す。全114城に詳細な平面図・推定復元図を添付して説明するので研究者必携。　A4判・300頁
佐伯哲也 越前中世城郭図面集 I —越前北部編 (福井県あわら市・坂井市・勝山市・大野市・永平寺町)	2019・7刊 2,500円	詳細な縄張図を付した中世城郭51城。ほぼ無名だった越前北部の城郭を新視点から優れた城郭だったことを証明。また特論で、馬出曲輪の存在が朝倉氏城郭の特徴の一つという新説も発表。越前研究必携の3部作第1作。　A4判・143頁
佐伯哲也 越前中世城郭図面集 II —越前中部編 (福井市・越前町・鯖江市)	2020・8刊 2,500円	全53城館。有名な朝倉氏代々の居城・一乗谷城の詳細な縄張図はもちろん、谷を包囲する出城・支城すべての縄張図を紹介(足掛け30年を要した)。一乗谷城に関する特論(新説)も記載して、朝倉氏研究必携の一冊。　A4判・165頁

り後継者不足と重労働なためであろう。今回数度にわたり製造過程を見学させていただいた大門素麺事業部・部長であり自ら製造しておられる境欣吾さんには大変お世話になった。冬季しか頂けなく市場に出回らない半生大門素麺をいただいた。これがまた素晴らしい味だった。この場を借りお礼申し上げる。

参考文献
(1)「庄下村史誌」　　　　　　　　庄下村誌編纂委員会
(2)「幻の白髪索麺いま甦る」　　　古今哲也
(3)「輪島市史」輪島素麺　　　　　輪島市商工会議所
(4)「珠洲市史」すずろ物語 (一)　和嶋俊二
(5)「高松町史」たかまつの礎　　　高松町史編纂委員会

Japanese Somen

Somen is a type of Japanese noodle. It is made from wheat flour dough that is kneaded and stretched very thin.

What is Somen?

Somen noodles are thin, dried noodles made from salt, wheat, water, vegetable oil, and starch.

There are many kinds of dried noodles in Japan, and they are categorized as "Somen", "Udon", or another type based on their width. According to the Japan Agricultural Standards, machine-made Somen should be less than 1.3mm in diameter.

Somen < 1.3mm
Hiyamugi 1.3 - 1.7mm
Udon > 1.7mm

The Japanese usually eat Somen in summer. There are many reasons for this. One reason is that Somen is light and easy to cook, so it is easy to eat even as appetites tend to decrease in summer. Another reason is that after sweating so much in summer, it is essential to stay hydrated. Japan has a "slurping" culture, so we slurp up water along with the Somen.

Okado Somen

Okado Somen is made in Okado, Tonami City, Toyama Prefecture. Rice farmers produce Somen as a side job in winter, as cold temperatures yield more delicious Somen.

Okado Somen

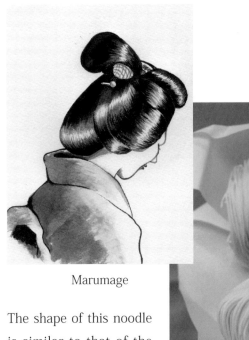

Marumage

The shape of this noodle is similar to that of the old Japanese women's hair style "Marumage".

Noodles are about 70cm long and wrapped in a square shape.
Japanese women used to arrange their hair similarly to how Somen is wrapped.
Each bag contains 350g.
A long time ago, rice production was poor in Tonami, so rice farmers planted wheat to make Somen. 11 farmers now make Somen, each with a different taste.

How to Cook

1. Break the roll in half so that the noodles are not too long.
2. Boil 4 liters of water. Add the noodles and boil for about 3 minutes.
3. If it boils over, add small glass of cool water and continue boiling.
4. Drain, rinse with cold water, and serve.

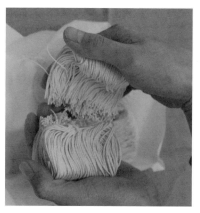 

Product name

Tenobe Somen

Ingredients

Wheat flour, salt, vegetable oil, starch

How to eat summer

In summer, people like to eat cool foods. Somen is a popular choice. It is made very quickly and easily - just boil and serve with broth. Somen is easy to eat even with a low appetite in summer.

How to eat in winter

"Nyumen" is Somen served in warm broth. It is widely eaten on cold days because it is quick and easy to make and warms up the body.

砺波の郷土料理

　米どころ砺波の郷土料理の代表格は「よごし」であろう。よごしは安政3年（1836）頃の記録では、砺波散村の農家の食習であった。
　よごしは野菜を茹で細かく刻み、味噌で炒ってゴマなどで味付けしたもので、これを暖かいご飯にのせると実に食が進む。
　大門素麺が輪島から大門に伝わった嘉永年間「砺波郡鑑帳」嘉永6年（1853）によれば、砺波郡の田んぼには肥料としてニシンが撒かれていた。鰯は、かつては富山湾で多く獲れた。ニシンは北前船で北海道から運んだ。これらを細かく裁断するために「干鰯（ほしか）はたき板」という道具が伝わっている。どこの農家でも、肥料にするニシンの中で良質なものを選りすぐり塩漬けにして保存し食べたものだという。
　砺波郡を象徴する住宅に「アズマダチ」がある。アズマダチは切妻で正面を東に向け、白壁に束・貫・梁を格子に組み、その間に白壁を塗った豪壮な建物で、大正から昭和の中頃に多く建てられた。
　砺波郡にアズマダチが建てられ始めた大正の頃、富山県は小学生が持ってくる弁当を調査させた。すると米だけで弁当を詰めていた子供たちの割合が、富山県平均が53％だったのに対して東砺波郡は81％に達していて、他の地域より経済的には豊かであったようだ。
　だが、昭和11年頃調査された砺波地域の献立は、朝は味噌汁が一般的で、味噌汁がないときは煮物・酢物・和物（よごし）浸物（しめもの）で、夏の献立は農

よごし

アズマダチ

家では煮物は毎日のように茄子であって実に質素であった。この頃、大門で素麺が副業として生産されているのだが、砺波地域にはほとんど流通していなかった。

　砺波人は人一倍良く働き、豪壮な住宅を建てたが、よごしを常食とし、暮らしは実に質素であった。このような砺波の郷土料理が砺波人気質を表しているともいえよう。

　本著の執筆分担は、調理・麺の製造・素麺の歴史は経沢信弘、素麺の英文解説を含め、それ以外はCasa料理研究会が担当した。大門素麺生産農家の境欽吾さんはじめ、取材協力して頂いた各位には深く感謝申し上げる。

参考文献
「近世末砺波散村の地主手作農家の食習」
　　　　　とやま民俗78　　佐伯 安一
「近代地方下層社会の研究」
　　　　　　　　　　　　浦田 正吾

干鰯はたき板
（にしんはたき板）

大門素麺

著者 略歴
 経沢 信弘
 1960年富山県魚津生まれ。1978年大阪へ料理修業
 1990年米国・NYへ。1994年帰国後、割烹まる十店主
 「郷土史研究家」「日本海文化悠学会会員」
 「野外調査研究所・主席研究員」
 著書 『古代越中の万葉料理』 2017 桂書房

Casa 郷土料理研究会
 竹中良子　西井満理
 篠島ゆき野　木村高穎

写真（調理・麺の製造）
 泉田匡彦

2019年 4月20日　初版発行
定価　1000円＋税

著者　　経沢 信弘
　　　　Casa 郷土料理研究会
編集　　堀 宗夫（Casa 小院瀬見 桂書房編集部）
発行所　桂書房
　　　　〒930-0103　富山市北代3683-11
　　　　電話　076-434-4600
　　　　FAX　076-434-4617
印　刷　モリモト印刷株式会社

Ⓒ 2019 桂書房　　ISBN978-86627-060-9
地方小出版流通センター扱い

＊造本には十分注意しておりますが、万一、落丁、乱丁などの不良品がありましたら送料当社負担でお取替え致します。

＊本書の一部あるいは全部を、無断で複写複製（コピー）することは、法律で認め　られた場合を除き、著作者および出版社の権利の侵害となります。あらかじめ小社に許諾を求めて下さい。